EL MISTERIO

DEL TIEMPO

LIBSA

© 2026, Editorial Libsa
C/ Puerto de Navacerrada, 88
28935 Móstoles (Madrid)
Tel. (34) 91 657 25 80
e-mail: libsa@libsa.es / www.libsa.es

Textos: Tony Lee Moral
Ilustración: Aaron Cushley
Traducción: María Herrero Prado

ISBN: 978-84-662-4541-8

Derechos exclusivos para todos los países
de habla española.

© Igloo Books Ltd MMXXIV
Publicado bajo licencia por Editorial Libsa S.A.
Todos los derechos reservados

DL: M-18350-2025

ÍNDICE

¿Alguna vez te has preguntado cómo comenzó el tiempo?........................4

¿Cómo se formó nuestro sistema solar?........................6

¿Qué planetas tienen los días más largos y más cortos?........................8

¿Por qué tenemos estaciones?........................10

¿Cuántos años tiene la Tierra y cómo se formó?........................12

¿Cuáles son las cuatro eras de la Tierra?........................14

La era Pérmica........................16

La era Mesozoica........................18

Haciendo el mono........................20

La Edad de Piedra........................22

La Edad del Bronce........................24

La Edad del Hierro........................25

La Edad Antigua........................26

Primeros relojes........................28

Relojes modernos........................30

¿Por qué tenemos husos horarios?........................32

Otras formas de medir el tiempo........................34

¿Podemos viajar en el tiempo?........................36

Líneas del tiempo........................38

Edades animales........................40

¿Cómo experimentan el tiempo los animales?........................42

Récords humanos........................44

El fin del tiempo........................46

Índice alfabético........................48

¿ALGUNA VEZ TE HAS PREGUNTADO CÓMO COMENZÓ EL TIEMPO?

Todo comenzó con el Big Bang. Al principio no había nada: ni sol, ni planetas, ni estrellas, ni galaxias, solo un vacío absoluto y oscuro...

BIG BANG

HACE 13 800 MILLONES DE AÑOS

Minutos después del Big Bang, los primeros átomos que se formaron fueron los gases más ligeros: hidrógeno y helio. Cuatrocientos millones de años más tarde, cuando el Universo empezó a enfriarse, los grupos de hidrógeno se juntaron y comenzaron a formar bolas de gas caliente y brillante, las primeras estrellas.

HACE 13 400 MILLONES DE AÑOS

Hace 13 800 millones de años, todo nuestro Universo estaba dentro de una burbuja diminuta, más pequeña que la punta de un alfiler. Dentro hacía un calor y una densidad enormes, y estaba a punto de estallar. Cuando la presión fue demasiado grande, se produjo una explosión gigantesca llamada «el Big Bang».

En una fracción de segundo tras esa supercaliente explosión, el Universo se expandió miles de millones de kilómetros en todas las direcciones. Así se creó todo lo que vemos hoy: planetas, lunas, estrellas y galaxias.

Todo lo que nos rodea creció a partir de una gran sopa cósmica hecha de protones, neutrones, electrones y muchísima energía. Todos ellos se unieron para formar átomos. Los átomos son como piezas diminutas con las que se construye todo en el Universo. Son tan pequeños que en un grano de arena hay sesenta millones de billones de ellos. Además, la mayoría de los átomos que hay en nuestro cuerpo alguna vez formaron parte de esa sopa cósmica, así que podemos decir que estamos hechos de polvo de estrellas.

Así nació nuestro Universo, y todo pasó más rápido de lo que tardas en parpadear. Así fue como se creó el tiempo.

Hubo una **explosión** de vida. Nuestros antepasados aparecieron finalmente hace entre 5 y 7 millones de años. Estas criaturas parecidas a monos cazaban animales y recolectaban plantas.

Más de 1000 millones de años después del Big Bang, se formaron las primeras galaxias, con billones de estrellas y planetas. Unos 7000 millones de años después, estos nuevos planetas comenzaron a girar alrededor de una estrella (nuestro Sol), creando nuestro Sistema Solar.

Los primeros *homo sapiens* (humanos modernos) surgieron hace entre 200 000 y 300 000 años.

Nuestro planeta, la Tierra, tiene unos 4500 millones de años, solo un tercio de la edad del Universo. La vida apareció por primera vez en la Tierra hace unos 3700 millones de años, pero era en forma de seres tan pequeños que no se pueden ver. Los animales terrestres llegaron solo hace unos 480 millones de años.

Aunque los humanos llegamos tarde a la fiesta, podemos echar un vistazo al pasado y conocer toda la historia del Universo solo mirando el cielo nocturno y los fósiles que hay en la Tierra.

¿CÓMO SE FORMÓ NUESTRO SISTEMA SOLAR?

Cuando nuestro Sistema Solar se formó hace unos 4500 millones de años, empezó como parte de una nube suave de gas y polvo llamada nebulosa solar.

La nebulosa solar estaba formada por hidrógeno, helio y mucho polvo. La gravedad empezó a atraer esa nube suelta, que se fue agrupando en pequeños grupos. Luego, la nube de polvo colapsó, posiblemente por las ondas de choque de una estrella cercana que explotó, llamada supernova. El resultado fue un disco plano y giratorio de polvo y gas.

En el centro de la nebulosa solar hacía muchísimo calor, y la presión unió el gas, polvo y otras cosas (como metal de estrellas viejas) para formar nuestro Sol. El resto del polvo y materia que giraba se juntó por la gravedad para formar los planetas.

La fuerte gravedad del Sol atrajo a los planetas hacia su órbita, y empezaron a girar alrededor de él como si fueran parejas de baile, girando también sobre sí mismos.

El número de días que tiene un año en cualquier planeta depende de lo cerca que esté del Sol. Los planetas que están más cerca (como Venus) tardan menos en dar la vuelta que los que están más lejos (como Neptuno).

Los planetas fríos, hechos de gas y hielo, están más lejos del Sol, por eso tardan más en darle la vuelta. Saturno tarda 29 años terrestres, Urano 84 años y Neptuno 164 años.

El planeta más grande, Júpiter, tarda casi 12 años terrestres en orbitar el Sol.

Mercurio es el planeta más cercano al Sol y tarda 88 días terrestres en darle la vuelta. Después está Venus, que tarda 225 días. Al estar tan cerca del Sol, estos planetas son demasiado calientes para que pueda vivir nada allí.

NEPTUNO

URANO

SATURNO

JÚPITER

VENUS

MARTE

TIERRA

MERCURIO

LA TIERRA ES EL TERCER PLANETA DESDE EL SOL, ASÍ QUE NO ESTÁ NI DEMASIADO CALIENTE NI DEMASIADO FRÍA.

La Tierra gira alrededor del Sol mientras rota sobre su eje. Esto crea el día, la noche y las estaciones. Nuestro año calendario tiene 365 días porque la Tierra tarda 365,25 días en dar una vuelta completa alrededor del Sol. Cada cuatro años, esa cuarta parte de día suma un día entero, por eso existen los años bisiestos. Añadir un día extra en febrero ayuda a que el calendario y las estaciones sigan en orden.

Nuestro Sol es solo una estrella entre más de 100 000 millones que forman la galaxia de la Vía Láctea, y esta, a su vez, es solo una de las miles de millones de galaxias que existen en el universo.

¡Hay más estrellas en el universo que granos de arena en toda la Tierra!

La Luna es mucho más pequeña que el Sol y tiene menos gravedad. Por eso, cuando los astronautas caminan sobre ella, tienen que dar pasos enormes como si saltaran.

La potente gravedad del Sol mantiene a los planetas girando a su alrededor, para que no salgan flotando por el espacio. Es la misma fuerza que nos mantiene pegados a la Tierra y evita que salgamos volando.

¿QUÉ PLANETAS TIENEN LOS DÍAS MÁS LARGOS Y MÁS CORTOS?

Un día es el tiempo que tarda un planeta en dar una vuelta completa sobre su propio eje. Gracias a eso tenemos el día y la noche. Entonces, ¿por qué un día en la Tierra dura 24 horas? Todo tiene que ver con el Sol y la Luna...

Cuando se formó la Tierra, giraba mucho más rápido que ahora. ¡Un día solo duraba 10 horas!

Durante millones de años, la gravedad de la Luna ha ido frenando poco a poco la rotación de la Tierra, haciendo que los días se alargaran. Ese cambio es muy lento: solo un milisegundo por siglo. Pero con el tiempo, eso ha hecho que lleguemos al día de 24 horas que tenemos hoy.

De los ocho planetas de nuestro Sistema Solar, Venus es el que gira más despacio sobre sí mismo. Tarda 5 832 horas en dar una vuelta completa... ¡eso son 243 días terrestres! De hecho, como Venus tarda 225 días terrestres en dar la vuelta al Sol, un solo día en Venus es más largo que un año entero en ese planeta.

Un día en la Luna dura 29,5 días terrestres, así que se ha pedido a expertos que creen un huso horario oficial para la Luna, para que los astronautas puedan saber qué hora es cuando estén allí arriba.

La Luna hace que nuestro planeta gire más despacio, porque su gravedad tira de los océanos de la Tierra. Esto crea abultamientos de agua a cada lado del planeta (las mareas altas y bajas) y funciona como un freno para la rotación terrestre.

El Sol, que es mucho más grande que la Luna, también tira de la Tierra con su gravedad, pero en su caso acelera un poco la rotación. Es como una especie de tira y afloja entre el Sol y la Luna, y la Tierra queda en medio. Nuestra Luna gira sobre sí misma cada 29,5 días, y de ahí viene la idea de los meses. Muchas culturas dividen el año en 12 partes de 29 o 30 días cada una.

¿Alguna vez te has preguntado a dónde va el Sol cuando se pone?

Pues en realidad no va a ningún sitio: es la Tierra la que se mueve. Según la parte del planeta en la que estemos, estaremos mirando hacia el Sol o de espaldas a él. El Sol solo ilumina la parte de la Tierra que está de cara, y la luz va llegando a diferentes lugares a medida que el planeta gira. Cuando nuestro lugar gira hacia el Sol, vemos el «amanecer» y, cuando gira de nuevo alejándose, vemos cómo el Sol «se pone».

Y en cuanto al resto de planetas:
El día de Mercurio dura 1 408 horas
El día de Marte dura 25 horas
El día de Saturno dura 11 horas
El día de Urano dura 17 horas
El día de Neptuno dura 16 horas.

¿POR QUÉ TENEMOS ESTACIONES?

Sabemos que el verano significa días largos y divertidos al sol, barbacoas y pelotas de playa, mientras que el invierno trae días cortos y fríos, muñecos de nieve y chocolate caliente. Pero ¿por qué no es verano todo el año?

La Tierra no está completamente recta, está inclinada en un ángulo de 23,5°. Se cree que algo muy grande chocó con el planeta hace miles de millones de años y lo hizo inclinarse de lado. Eso hizo que una parte del planeta quedase más cerca del Sol y otra parte, más lejos. Estas partes se llaman hemisferios.

A medida que la Tierra gira alrededor del Sol, el hemisferio norte queda frente al Sol una parte del año, y el hemisferio sur la otra parte.

Cuando un hemisferio mira hacia el Sol, los rayos lo iluminan más fuerte y directo, así que hace más calor: es verano. Pero cuando ese hemisferio está de espaldas al Sol, los rayos llegan en ángulo y no calientan tanto, así que es invierno.

HEMISFERIO
SUR

Esta línea es el eje de la Tierra.

La inclinación de la Tierra es la razón por la que las estaciones cambian mientras el planeta gira alrededor del Sol.

El día en que el Polo Norte está más inclinado hacia el Sol se llama solsticio de verano. Es el primer día de verano en el hemisferio norte, ocurre en junio y es cuando hay más horas de luz. Se le llama el día más largo del año. En ese mismo momento, en el hemisferio sur, es el solsticio de invierno, porque el Polo Sur está más lejos del Sol.

Después, la cantidad de luz va bajando hasta que llega diciembre y tiene lugar el solsticio de invierno en el hemisferio norte. Ese es el día más corto del año, porque el Polo Norte está más inclinado hacia fuera, lejos del Sol. Mientras tanto, en el hemisferio sur, es verano porque el Polo Sur está más cerca del Sol.

Durante la primavera y el otoño, las temperaturas son suaves porque ningún hemisferio está totalmente de cara ni de espaldas al Sol. Si la Tierra no girara, un lado estaría siempre caliente y el otro, siempre frío.

Cuando los cazadores-recolectores del Mesolítico construyeron Stonehenge hace unos 5 000 años, colocaron las enormes piedras siguiendo la posición del Sol. Así podían saber cuándo salía el Sol en verano y cuándo se ponía en invierno. ¡Era como un gran calendario antiguo!

¿CUÁNTOS AÑOS TIENE LA TIERRA Y CÓMO SE FORMÓ?

Nuestro planeta es el único que conocemos en el que hay vida.

Esto hace que la Tierra sea muy especial, porque tenía las condiciones perfectas para que la vida pudiera empezar. Y todo comenzó con la explosión de una estrella...

HACE 4,5 MIL MILLONES DE AÑOS

Después de que se formara el Sol, quedaron en el espacio restos de polvo y trozos de roca girando en la nebulosa solar. Con el tiempo, se fueron juntando y acabaron creando la Tierra. Meteoritos enormes, llenos de hielo y roca, chocaban con ella una y otra vez, haciendo que creciera y creciera hasta convertirse en una bola gigante de roca fundida y muy caliente.

HACE 3,8 MIL MILLONES DE AÑOS

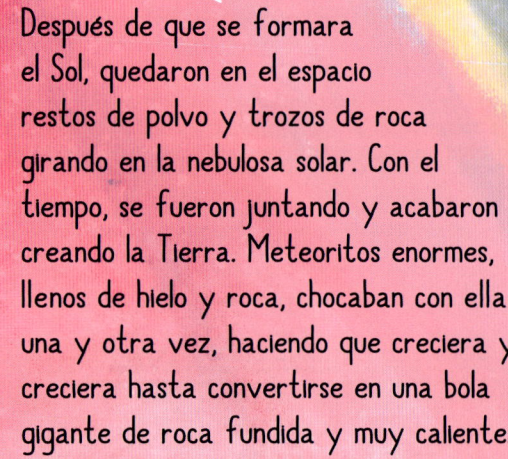

Una roca gigante, muy caliente, chocó con la Tierra y arrancó un trozo enorme que salió volando al espacio. Pero la gravedad lo mantuvo cerca, girando a nuestro alrededor. Ese trozo se convirtió en la Luna. Siempre vemos la misma cara de la Luna porque tarda lo mismo en dar una vuelta sobre sí misma que en girar alrededor de la Tierra.

Cuando la Tierra era joven, había volcanes por todas partes. Soltaban lava y gases muy calientes. A medida que el planeta se fue enfriando, el agua llegó gracias a los meteoritos de hielo y gas que habían chocado contra ella. El agua también salía de los volcanes en forma de vapor. Ese vapor subía, formaba nubes, y luego caía en forma de lluvia. Así se formaron los océanos. Hoy en día, más de dos tercios de la Tierra están cubiertos de agua. Por eso la llamamos el planeta azul.

Los volcanes también entraron en erupción bajo el agua. La lava fundida formó islas volcánicas, que se unieron hasta crear un supercontinente llamado Pangea. Con el paso de millones de años, ese supercontinente se rompió y los trozos se fueron separando hasta formar los continentes más pequeños que conocemos hoy.

Hace 225 millones de años

Hace 150 millones de años

Hace 100 millones de años

En la actualidad

A LO LARGO DE MILLONES DE AÑOS, LA CAPA SUPERIOR DE LA TIERRA SE ENFRIÓ Y ENDURECIÓ, Y LA SUPERFICIE SE VOLVIÓ COMO UNA CORTEZA DE PAN.

¿Qué crees que pasará con la Tierra dentro de 100 000 millones de años?

Las primeras plantas empezaron a crecer en tierra firme hace unos 500 millones de años.

Los primeros animales salieron del agua y se arrastraron por la tierra hace unos 480 millones de años.

Los peces aparecieron en el mar hace unos 530 millones de años.

La primera forma de vida en la Tierra surgió hace unos 3,7 mil millones de años, y era microscópica: unos microbios diminutos.

¿CUÁLES SON LAS CUATRO ERAS DE LA TIERRA?

¿Alguna vez te has fijado en las rocas del suelo y te has preguntado cuántos años tendrán?

Podemos saber la edad de la Tierra gracias a una escala de tiempo geológico. Las rocas más antiguas están más profundas, mientras que las más recientes están arriba. Cada capa puede contener fósiles o restos de seres vivos, como si fueran un reloj geológico. Ese reloj se divide en cuatro grandes eras: Precámbrica, Paleozoica, Mesozoica y Cenozoica.

La era Precámbrica es la más antigua y va desde hace 4,6 mil millones de años hasta hace 541 millones de años. Es cuando empezó la vida en la Tierra, hace unos 3,7 mil millones de años. Los primeros seres vivos eran bacterias diminutas de una sola célula. En el mar evolucionaron criaturas blanditas, como gusanos y medusas.

Después vino la era Paleozoica (hace entre 541 y 252 millones de años). «Paleozoico» significa «vida antigua», y durante esta era hubo una auténtica explosión de vida. Evolucionaron muchas plantas, peces y reptiles (sobre todo en el mar), y también criaturas muy raras, como las amonitas, que tenían conchas en espiral parecidas a las de los caracoles.

Era Precámbrica 4600 millones–541 millones de años

Era Paleozoica 541–252 millones de años

Pero esta era terminó con la mayor extinción masiva de la historia. El cambio del clima acabó con el 95 % de los seres vivos marinos y con el 70 % de los que vivían en tierra firme. Aunque parezca una catástrofe (y lo fue), eso permitió que aparecieran animales nuevos.

En tierra firme, la Tierra era caliente y estaba llena de gases peligrosos, como el metano, pero con el tiempo empezó a acumularse oxígeno en la atmósfera gracias a las primeras algas. La era Precámbrica fue la más larga de todas: ocupó el 88 % de la historia de la Tierra.

La era Mesozoica fue de hace 252 a 66 millones de años. En ese tiempo, el supercontinente Pangea empezó a romperse y separarse. El clima de la Tierra era tropical y húmedo, y comenzó la era de los reptiles.

La última era se llama Cenozoica, que significa «vida reciente», y va desde hace 66 millones de años hasta hoy. Es la era más actual en la escala geológica. Los pocos animales que sobrevivieron al meteorito (como unos pequeños mamíferos peludos) se convirtieron en los principales habitantes del planeta. También evolucionaron las plantas con flores, los insectos y todas las formas de vida que conocemos hoy.

Era Cenozoica 66 millones de años-actualidad

Era Mesozoica 252-66 millones de años

Los animales más famosos de la era Mesozoica fueron los dinosaurios, que dominaron la Tierra durante más de 150 millones de años. La era terminó cuando un meteorito gigante, tan grande como el monte Everest, chocó contra nuestro planeta y provocó la extinción del 75 % de las formas de vida.

Los humanos somos la última página de esta historia. Aparecimos hace solo unos millones de años. Si imagináramos la historia del Universo como si fuera un año entero, con el Big Bang el 1 de enero, los humanos habríamos llegado solo 30 segundos antes de la medianoche del 31 de diciembre.

LA ERA PÉRMICA

Hace más de 250 millones de años, mucho antes de que aparecieran los dinosaurios o los mamíferos, la Tierra estaba dominada por unas criaturas de lo más extrañas: los monstruos del Pérmico...

La era Pérmica fue el último periodo de la era Paleozoica. Pangea se extendía por todo el planeta y en ella vivían animales con dientes afilados, como los gorgonópsidos, que desarrollaron colmillos de hasta 12 centímetros. Fueron los primeros carnívoros con dientes de sable del mundo.

En el mar también nadaban criaturas rarísimas: había tiburones con formas extrañas y peces con escamas gruesas y aletas en forma de abanico.

En esa época aparecieron los primeros árboles coníferos, y los bosques prehistóricos estaban repletos de bichos... ¡pero no como los que conoces tú! El Pérmico fue la era de los insectos gigantes: milpiés enormes y libélulas del tamaño de un cuervo. Crecían tanto porque en aquella época había más oxígeno en la Tierra que hoy en día.

Uno de los animales pérmicos más famosos fue el Dimetrodon, un carnívoro de 4 metros de largo con una enorme vela en la espalda y una larga cola. Se cree que esa vela funcionaba como un panel solar para calentarse rápido por las mañanas.

También existían unos reptiles llamados cinodontes, que tenían el cuerpo cubierto de pelo. Eso sugiere que eran de sangre caliente. Con el tiempo, los cinodontes dieron lugar a los mamíferos.

La era Pérmica terminó con una gran extinción masiva, en la que desapareció más del 90 % de todas las formas de vida del planeta. La Tierra se volvió muy caliente por culpa de los volcanes en erupción, lo que provocó cambios en los océanos. Y así se abrió el camino para los siguientes grandes gobernantes de la Tierra: los dinosaurios...

LA ERA MESOZOICA

La era Mesozoica se divide en tres periodos: el Triásico, el Jurásico y el Cretácico. ¡Es famosa por ser la era de los dinosaurios!

Se han descubierto más de 2 000 tipos diferentes de dinosaurios hasta ahora.

Durante el Triásico (entre hace 252 y 201 millones de años), los dinosaurios vivían en un único supercontinente llamado Pangea, y el clima era cálido y seco. La mayoría eran depredadores pequeños, como el Coelophysis, que podía alcanzar los 3 metros de largo. Tenía los huesos huecos, era rápido y ágil, y usaba su velocidad para cazar reptiles pequeños e insectos.

Los dinosaurios más grandes eran los titanosaurios, que podían medir más de 26 metros de largo y pesar tanto como 12 elefantes africanos adultos. Pertenecían al grupo de los saurópodos, al que también pertenecen dinosaurios tan famosos como el Diplodocus y el Brontosaurus. A pesar de su enorme tamaño, eran animales tranquilos que se alimentaban de plantas y comían las hojas de las copas de los árboles.

El periodo Jurásico, entre hace 199 y 145 millones de años, fue una época dorada para los dinosaurios. La vegetación crecía por todas partes, y Pangea empezó a dividirse en varios continentes.

Se han encontrado fósiles de dinosaurios en todos los continentes actuales, ¡incluso en la Antártida! Eso nos indica que los dinosaurios vivieron por todo el planeta.

Durante el periodo Cretácico (de hace 145 a 66 millones de años), la Tierra estaba habitada por algunos de los dinosaurios más conocidos, como el Tyrannosaurus rex, el Triceratops, el Iguanodon y el Spinosaurus.

El T. rex dominó el Cretácico como el gran depredador. Podía medir hasta 13 metros de largo y pesar unas 9 toneladas (como dos hipopótamos juntos). Su enorme boca tenía 60 dientes en forma de cono, cada uno tan grande como un plátano. ¡Fue uno de los cazadores más aterradores de la historia!

El reinado de los dinosaurios terminó de forma repentina cuando un meteorito gigantesco chocó contra la Tierra, en lo que hoy es la península de Yucatán, en México. El impacto formó un cráter enorme y levantó nubes de polvo que taparon el Sol. Las plantas empezaron a morir por falta de luz, y, sin comida, los dinosaurios herbívoros desaparecieron... seguidos por los carnívoros, que se quedaron sin presas.

La era Mesozoica comienza con la evolución de los dinosaurios y termina con su extinción. Pero algunos animalitos consiguieron sobrevivir, y de ellos nacieron... los mamíferos.

HACIENDO EL MONO

Los humanos estamos emparentados con todos los demás animales, pero estamos especialmente cerca de nuestros primos primates: los simios y los monos.

Aunque compartimos muchos de nuestros genes con los chimpancés, no evolucionamos directamente de los simios, sino de un antepasado parecido. Si retrocedemos en el tiempo hasta hace 45 millones de años y observamos nuestro árbol genealógico, encontraremos un tipo de mono primitivo llamado Eosimias (era tan pequeño que cabía en la palma de la mano). De ese antepasado común evolucionaron todos los primates, incluidos nosotros.

Nuestra evolución es como las ramas de un árbol, con nuestros antepasados humanos en una y los simios en otra.

Hace 7 millones de años, los primeros antepasados del ser humano se separaron de los simios y comenzaron su propia rama evolutiva.

Uno de los fósiles de homínido más antiguo hallado fue el de una hembra australopiteca, una humana de aspecto simiesco a la que los científicos llamaron Lucy. Lucy vivió en lo que hoy es Etiopía hace unos 3 millones de años. Medía aproximadamente 1,5 metros y podía caminar sobre dos piernas.

Nuestros antepasados evolucionaron a través de más de 20 tipos distintos de humanos primitivos (homínidos). Los investigadores han descubierto que usaban herramientas de piedra para cazar (hay pruebas que datan de hace 3,4 millones de años).

Otro de los primeros humanos fue el *Homo erectus* (que significa «hombre erguido»). El *Homo erectus* tenía un cerebro grande y dientes pequeños, y cazaba animales. Empezaron a fabricar herramientas con palos y piedras, y hace aproximadamente un millón de años descubrieron cómo hacer fuego (lo usaban para cocinar los alimentos y mantenerse calientes).

A medida que el ser humano evolucionó, nuestros cerebros se hicieron más grandes. Después, hace 300 000 años, surgió el *Homo sapiens* (que significa «hombre sabio»). Esta es la especie que somos hoy.

El tiempo nos ha convertido en el animal más inteligente de la Tierra, y hemos transformado el mundo como ningún otro ser vivo antes que nosotros. Los humanos seguimos evolucionando, desarrollando los últimos teléfonos inteligentes y lanzando cohetes al espacio. ¿Qué seremos capaces de hacer después?

LA EDAD DE PIEDRA

La Edad de Piedra comenzó hace unos 2,6 millones de años. Fue la forma más temprana de cultura humana, cuando los primeros seres humanos empezaron a desarrollar herramientas. La Edad de Piedra se divide en tres periodos: el Paleolítico, el Mesolítico y el Neolítico.

El Paleolítico es el periodo más antiguo y más largo. Comenzó con los primeros humanos y duró hasta hace 10 000 años.

Durante este tiempo, nuestros antepasados tallaban piedras de sílex y frotaban dos palos para crear una chispa y encender fuego. Se alimentaban de frutas, bayas y miel, y empezaron a cocinar la carne.

Las armas se fabricaban con piedras, por eso llamamos a esta época la Edad de Piedra. Se desarrollaron habilidades manuales al fabricar cinceles y raspadores con mangos.

Los neandertales eran un tipo de humano paleolítico que vivió en Europa y Asia durante la Edad de Hielo.

Tenían un aspecto parecido al de los luchadores profesionales (cuerpos bajos y musculosos, con narices grandes que les ayudaban a calentar el aire que respiraban en los inviernos duros) y vestían ropa hecha con pieles de animales. Usaban flechas y puntas de lanza para cazar y pescar.

Los últimos neandertales desaparecieron hace unos 40 000 años, pero el *Homo sapiens* siguió evolucionando.

¿Sabías que los neandertales eran músicos? Se encontró una flauta hecha con un hueso de oso que data de su época (es el instrumento musical más antiguo que conocemos).

Después vino el periodo Mesolítico, que significa Edad de Piedra Media. Nuestros antepasados empezaron a construir refugios básicos con madera y los cubrían con pieles de animales.

A este le siguió el Neolítico, que significa Nueva Edad de Piedra. El ser humano adquirió más habilidades, como fabricar cerámica con barro y ladrillos para construir casas. Empezamos a vivir juntos en aldeas.

La gente aprendió a cultivar y comenzó a dedicarse a la agricultura. Desarrollaron una gran variedad de herramientas y comenzaron a criar ganado.

Al final de la Edad de Piedra, las personas comenzaron a fabricar herramientas de cobre, lo que dio lugar a la Edad de los Metales. Esta época se divide en la Edad del Cobre, la Edad del Bronce y la Edad del Hierro, y fue la primera vez que los seres humanos empezaron a utilizar el metal en lugar de la piedra. El cobre ayudó a los pueblos del Neolítico a desarrollar nuevas habilidades artesanales, lo que condujo a...

LA EDAD DEL BRONCE

La Edad del Bronce tuvo lugar entre el 3300 y el 1200 a.C. Durante este periodo, los seres humanos aprendieron a hacer fuego y lo usaron para extraer bronce e hierro de las rocas mediante un proceso llamado metalurgia. El bronce pronto sustituyó a la piedra como material preferido para fabricar herramientas y armas, y permitió nuevos inventos como las hachas y espadas de bronce.

La Edad del Bronce fue el último periodo prehistórico para algunas civilizaciones, ya que la invención de la escritura permitió que su historia quedase registrada oficialmente (y gracias a eso podemos saber lo que ocurrió entonces).

La rueda también se inventó durante esta época. Al principio, se usaba como torno de alfarero para dar forma al barro. Los primeros vehículos con ruedas aparecieron hace unos 5 300 años. Los sumerios (que vivían en lo que hoy es Irak) los utilizaban para facilitar el comercio y el transporte de mercancías. Los sumerios eran muy aplicados: gracias a sus conocimientos de matemáticas contamos 60 segundos por minuto y 60 minutos por hora.

Nuestros antepasados de la Edad del Bronce vivían en casas circulares hechas de madera y piedra, con tejado de paja. Además, eran bastante coquetos: usaban lana para hacer faldas y capas. Los hombres llevaban túnicas largas y las mujeres, faldas de lana.

LA EDAD DEL HIERRO

La Edad del Hierro comenzó hace unos 2 800 años y duró aproximadamente 800 años. En esta época se empezó a utilizar el hierro para fabricar herramientas y armas.

La gente vivía en fortalezas construidas en colinas, rodeadas de muros y fosos. Dentro de estas fortalezas, las casas circulares estaban recubiertas con arcilla y paja. Los celtas vivían en regiones como Gran Bretaña, Irlanda, Francia, Alemania y España. Eran guerreros valientes, con armas y armaduras (como cascos y escudos) hechos de hierro, un material más resistente que el bronce.

La gente de la Edad del Hierro también era agricultora. Inventaron el arado de metal, lo que les permitió cultivar y recolectar más cosechas durante todo el año. Además, criaban vacas, ovejas y cerdos.

La Edad de los Metales llegó a su fin en el siglo I a.C. con el inicio de la conquista romana por Europa.

LA EDAD ANTIGUA

La Edad Antigua es el periodo que transcurre entre la invención de la escritura y el inicio de la Edad Media.

Comenzó hace unos 5 000 años y duró hasta aproximadamente el año 750 d.C. Se caracteriza por el auge y la caída de grandes imperios, como los antiguos egipcios, griegos, mesopotámicos, persas y romanos. Estas civilizaciones construyeron las primeras ciudades y dieron lugar a grandes avances gracias a la invención de la escritura, la cerámica y el uso de los metales.

Fue una época muy influyente, ya que se desarrollaron el comercio y el intercambio cultural. También se perfeccionaron las armas por las muchas guerras que tuvieron lugar durante este periodo.

La Edad Antigua finalizó con la caída del Imperio romano de Occidente.

Lo que hoy entendemos por civilización del antiguo Egipto comenzó a finales de la Edad de Piedra, hace unos 5 000 años, y se mantuvo durante 3 000 años. Se construyeron maravillas arquitectónicas con piedra, como la Gran Pirámide de Guiza, que mide más de 228 metros de ancho y 146 metros de alto. Las pirámides eran grandes monumentos para los faraones egipcios, que eran enterrados en su interior.

El Imperio romano se extendía por toda Europa. Su capital, Roma, fue probablemente la ciudad más importante del mundo antiguo. La gente se reunía en los coliseos para ver peleas a muerte entre gladiadores o animales salvajes.

Los primeros en utilizar la escritura fueron los sumerios y los antiguos egipcios. Todo empezó en lo que hoy es Irak con una forma de escritura primitiva llamada cuneiforme, en la que se tallaban letras o símbolos sobre tabletas de arcilla blanda con cañas duras. Poco a poco, distintas culturas del mundo empezaron a usar sus propios caracteres y símbolos para crear la palabra escrita.

Los faraones se enterraban con sus tesoros porque creían que les serían útiles en la otra vida. Cuando en 1922 se descubrió la tumba del joven rey Tutankamón, se hallaron muchos objetos valiosos, incluidos tres sarcófagos de oro y una máscara funeraria de oro de 10 kilos.

PRIMEROS RELOJES

Los primeros relojes surgieron hace unos 10 000 años, cuando los seres humanos empezaron a dedicarse a la agricultura. Estos primeros agricultores utilizaban el Sol, la Luna y el agua para medir el tiempo, y comenzaron a usar su conocimiento de la naturaleza para construir relojes básicos.

Los relojes de vela funcionan con fuego y se han usado en todo el mundo, desde China hasta Inglaterra. Consisten en velas delgadas con marcas espaciadas de forma regular a lo largo del lateral que indican el paso del tiempo, y no dependen de la luz solar. En el siglo IX, el rey Alfredo el Grande utilizaba seis velas de 30 cm, cada una con una duración de cuatro horas, para medir el día completo de 24 horas.

Los antiguos egipcios inventaron los primeros relojes de sombra hace unos 5 500 años para medir el paso del tiempo durante el día. Se llamaban obeliscos y eran monumentos de piedra muy altos, con una pequeña pirámide en la parte superior. Hace unos 3 500 años se crearon obeliscos en miniatura, conocidos como relojes de sol.

El palo que proyecta la sombra en un reloj de sol se llama gnomon. A medida que el Sol se desplaza por el cielo, la sombra del gnomon se mueve por el suelo. Los egipcios dividieron el día en 12 horas y utilizaban la posición del Sol para medir el tiempo siguiendo su sombra. El problema es que no se pueden usar relojes de sol cuando está nublado o de noche.

El reloj de arena es otro tipo de reloj primitivo. En este, la arena fina cae a través de un pequeño orificio a un ritmo constante para indicar el paso del tiempo. Los relojes de arena fueron especialmente utilizados por los marineros del siglo XIV para orientarse en el mar. Cuando el explorador portugués Fernando de Magallanes dio la vuelta al mundo en 1532, llevaba 18 relojes de arena en su barco.

El reloj de agua es otro de los métodos de medición del tiempo más antiguos, utilizado en Egipto, Persia, India y China. El agua pasaba de un cuenco a otro, goteando a un ritmo constante. Los usuarios contaban cuántas gotas caían en un minuto, y unas marcas en el lateral del cuenco indicaban la hora. Sin embargo, estos relojes tenían sus inconvenientes, ya que el agua se congela en invierno y se evapora en verano, lo que dificultaba saber la hora en distintas estaciones.

¿Sabías que el primer despertador del mundo fue inventado en la Antigua Grecia? El filósofo Platón diseñó un tipo de reloj de agua en el que el líquido se acumulaba en un recipiente y, al llenarse, hacía que el aire saliera por un silbato para despertarlo.

RELOJES MODERNOS

Los relojes modernos supusieron un gran cambio con respecto a los relojes de arena, de agua y de sol. Estos nuevos relojes funcionaban con un péndulo oscilante o un cristal de cuarzo vibrante, y eran mucho más precisos.

Los primeros relojes mecánicos se inventaron en China en el año 725, y más tarde, en el siglo XIII, comenzaron a aparecer en Europa. Eran mecanismos enormes que funcionaban gracias a cuerdas y pesos colgantes. Al principio, estos relojes solo tenían una manecilla para marcar la hora, y no fue hasta el año 1400 aproximadamente cuando aparecieron las manecillas de los minutos.

En el siglo XVII se desarrollaron los relojes de péndulo, en los que unos pesos oscilaban libremente colgados de un eje. El uso del péndulo para medir el tiempo con precisión fue descubierto por el astrónomo italiano Galileo Galilei. Él observó que los movimientos del péndulo duraban siempre el mismo tiempo, sin importar lo lejos que se balanceara. Hasta entonces, fue el reloj más preciso de la historia.

Muchos países y ejércitos utilizan el reloj de 24 horas (también conocido como «hora militar»). En lugar de decir «1:00 p. m.» después del mediodía, la hora sigue contando: las 13:00, 14:00... hasta llegar a las 23:00 (11 p. m.) y a las 00:00 (medianoche). Esto sirve para evitar confusiones entre la mañana y la noche.

Los relojes de bolsillo fueron inventados por un cerrajero
alemán en el siglo XVI. Eran relojes portátiles con un muelle
en espiral en su interior en lugar de un péndulo.
Carlos II, un rey inglés del siglo XVII,
los adoraba tanto que llevaba un
bolsillo especial en sus elegantes
chalecos solo para guardar
su reloj de bolsillo.

Todos estos
inventos han hecho
que la medición del tiempo
mejore. Hoy en día,
contamos con relojes muy
precisos que miden 24 horas,
60 minutos y 60 segundos
con pantallas digitales.

Los primeros relojes de bolsillo con muelle se usaron
durante la Primera Guerra Mundial. Se consideraban
poco prácticos en combate, así que los soldados y aviadores
empezaron a llevar relojes de pulsera, lo que les facilitaba mucho
consultar la hora en plena batalla.

Hacia la década de 1930, los relojes de péndulo fueron sustituidos por relojes
eléctricos. Este cambio se aceleró con la introducción del cristal de cuarzo en 1929.
Cuando se carga con electricidad, el cristal vibra. Esto controla un motor que mueve
con precisión los engranajes del reloj para que las manecillas avancen correctamente.

31

¿POR QUÉ TENEMOS HUSOS HORARIOS?

¿Alguna vez te has preguntado por qué en diferentes lugares del mundo es una hora distinta?

Todo se debe a los husos horarios, que se crearon por la rotación de nuestro planeta. Las diferencias horarias existen porque la Tierra es una esfera giratoria, y algunas ciudades se encuentran en husos horarios opuestos. Por ejemplo, cuando en Londres son las 11 de la mañana, en Sídney ya son las 10 de la noche del mismo día. En Pekín, alguien puede estar cenando a las 8 de la tarde, mientras que en Nueva York apenas se están despertando a las 7 de la mañana.

A medida que el mundo se volvió más conectado y la gente empezó a viajar grandes distancias en tren, se volvió difícil llevar un control del tiempo. ¡Hubo un momento en el que solo en Estados Unidos existían 75 husos horarios diferentes!

Veinte países acordaron dividir el mundo en 24 husos horarios, uno por cada hora del día. La Tierra se dividió con líneas imaginarias de longitud, que van de norte a sur, separadas entre sí por 15°. Se eligió el Real Observatorio de Greenwich, en Londres, como punto de partida del meridiano 0°, ya que los viajeros confiaban en su precisión. Esta línea se llama meridiano de Greenwich y divide la Tierra en este y oeste. La hora en este punto se conoce como hora del meridiano de Greenwich (GMT, por sus siglas en inglés), y el resto del mundo se organiza según cuántas horas está por delante o por detrás de esta.

Se decidió que Estados Unidos necesitaba un sistema horario unificado para evitar confusiones. Les gustó cómo el sistema ferroviario británico usaba una hora estándar y decidieron implantarlo en EE. UU. en 1883. Como el país era tan grande, se dividió en cuatro husos horarios: Este, Central, Montaña y Pacífico.

Aunque todavía no hemos inventado los viajes en el tiempo, sí podemos «retroceder en el tiempo» volando hacia el oeste a través del océano Atlántico. Por ejemplo, podrías despegar a las 11 de la mañana en Londres, volar durante ocho horas y aterrizar en Nueva York... ¡a las 2 de la tarde!

OTRAS FORMAS DE MEDIR EL TIEMPO

La ciencia ha descubierto formas ingeniosas de medir el tiempo sin necesidad de relojes.

¡Los árboles son como máquinas del tiempo vivientes! Los anillos de sus troncos no solo nos dicen cuántos años tiene el árbol, sino también cómo era el clima en cada momento: si hubo, por ejemplo, periodos de frío. Al analizarlos, podemos reconstruir una imagen asombrosa de cómo era la Tierra durante su vida. Esta ciencia se llama «dendrocronología».

Y no solo los árboles tienen su propio reloj interno: los fósiles también. Podemos medir la cantidad de carbono-14 (un elemento químico) que queda en un fósil mediante un proceso llamado datación por radiocarbono.

El carbono-14 está presente de forma natural en el aire, y las plantas y los animales lo absorben al respirar. Aproximadamente cada 5730 años, la mitad de los átomos de carbono-14 se transforman en nitrógeno. Esto se conoce como «vida media», y nos permite calcular cuántos miles de años han pasado desde que ese ser vivo murió, midiendo cuánto carbono-14 queda en su fósil.

De forma parecida, podemos fechar rocas con una técnica llamada datación por uranio-torio-plomo, que se basa en comparar la cantidad de plomo con la de uranio que tiene la roca. Y no se queda ahí: incluso se puede datar el suelo mediante la datación por luminiscencia, que mide la luz emitida por la energía almacenada en suelos, cuarzo, diamantes o calcita.

También podemos medir el paso del tiempo observando lo que tenemos bajo nuestros pies. Muchas carreteras modernas siguen rutas que tienen cientos o incluso miles de años. Los adoquines antiguos, e incluso los fósiles y los tesoros bajo el asfalto, pueden contarnos cuántos años tiene un camino.

¡TAMBIÉN PODEMOS SABER LA EDAD DEL HIELO!

Los testigos de hielo son largas muestras de hielo extraídas de un glaciar. Cuanto más profundo está el hielo, más antiguo es. Podemos datarlo observando sus capas y descubriendo cómo era el clima. El color de esas capas nos dice si hubo gases, partículas o cenizas expulsadas por erupciones volcánicas.

¿PODEMOS VIAJAR EN EL TIEMPO?

¿Te gustaría retroceder en el tiempo?
¿O avanzar rápido hacia el futuro?
¿Es siquiera posible construir una máquina del tiempo?

Parece cosa de ciencia ficción, pero lo cierto es que todos estamos viajando en el tiempo... a razón de un segundo por segundo. ¿Pero podemos realmente viajar en el tiempo?

Cuanto más rápido te mueves, más despacio experimentas el paso del tiempo. Los relojes de los aviones y satélites van a una velocidad distinta a los que están en la Tierra. Un experimento demostró que un reloj a bordo de un avión iba ligeramente más lento en el tiempo que uno en tierra firme.

Es posible experimentar el paso del tiempo a diferente ritmo, así que si viajásemos realmente rápido (¡incluso a la mitad de la velocidad de la luz!), podríamos, en teoría, viajar hacia el futuro.

Hace más de cien años, el científico Albert Einstein formuló su teoría de la relatividad. Dijo que el espacio y el tiempo están conectados, y que nada puede viajar más rápido que la luz (300 000 kilómetros por segundo). Einstein consideraba el tiempo como una cuarta dimensión.

En 1935, Albert Einstein también propuso la existencia de puentes o atajos en el espacio. Los llamó «agujeros de gusano» y teorizó que podrían ser portales a través del espacio y el tiempo. Quizá los viajeros del futuro podrían usar estos agujeros de gusano para cruzar el vórtice...

¿Sabías que los astronautas viajan hacia el futuro cuando van al espacio? Los que están en la Estación Espacial Internacional envejecen ligeramente más despacio por la gran velocidad de la nave.

Se ha teorizado mucho sobre los viajes en el tiempo. La mayoría de los expertos creen que no es posible volver al pasado, ya que lo que ha ocurrido no se puede cambiar. Sin embargo, como nuestro cerebro tarda unos 13 milisegundos en procesar la luz, en realidad estamos viendo algo que ya ha pasado, ¡así que siempre estamos observando el pasado!

La luz de las galaxias lejanas tarda muchísimo en llegar hasta nosotros, así que cuando miramos por un telescopio, como el Telescopio Espacial James Webb, estamos viendo cómo eran esas estrellas hace mucho, mucho tiempo... ¡literalmente estamos mirando al pasado!

LÍNEAS DEL TIEMPO

Las líneas del tiempo nos ayudan a entender cuándo ocurrieron los eventos y cómo se relacionan entre sí.

El pasado más lejano...

¿Sabías que el Tiranosaurio rex vivió más cerca de nosotros, los humanos, que del Estegosaurio? El T. rex vivió en el Cretácico hace 65 millones de años, mientras que el Estegosaurio vivió hace 150 millones de años, durante el Jurásico.

Los humanos han existido durante 300 000 años, pero es un tiempo muy corto comparado con los dinosaurios, que dominaron la Tierra durante 160 millones de años.

El árbol vivo más antiguo es un pino longevo del este de California, que tiene más de 4 850 años, según los datos de sus anillos. El árbol, conocido como Matusalén, es el ser vivo más antiguo de la Tierra: ¡ya tenía 1 000 años cuando murió el último mamut!

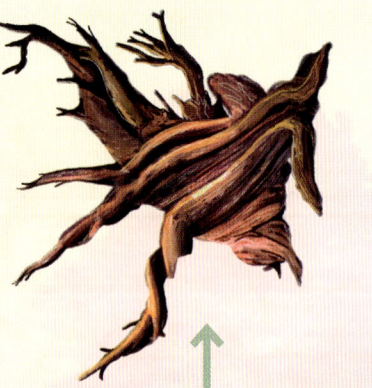

Las pirámides se construyeron sin ruedas: las 100 000 personas que las hicieron tuvieron que transportar ellas mismas las grandes losas de piedra con trineos. Usaron herramientas de piedra y cobre.

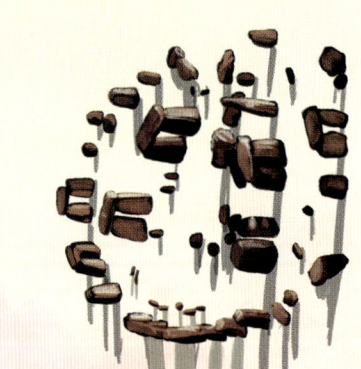

La reina egipcia Cleopatra vivió más cerca de la invención del primer teléfono inteligente que de la construcción de la primera pirámide de Guiza, alrededor del 2560 a.C. Esto se debe a que nació en el 69 a.C. y vivió hasta el 30 a.C.

A.C.

| HACE 243 MILLONES DE AÑOS | HACE 150 MILLONES DE AÑOS | 4000 A.C. | 2800 A.C. | 2560 A.C. | 1650 A.C. | 31 A.C. |

¡SALTO EN EL TIEMPO!

La Esfinge de Guiza fue construida casi al mismo tiempo que Stonehenge en Inglaterra, hace unos 5 000 a 4 500 años.

Los mamuts lanudos ya vivían en el año 2560 a.C., cuando se construyeron las pirámides. La mayoría se extinguió hace 10 000 años, pero algunos sobrevivieron en Rusia hasta el año 1650 a.C., cuando las pirámides ya tenían 1000 años.

D.C.

| 1250 D.C. | 1330 D.C. | | 1800 D.C. | 1850 D.C. | 1860 D.C. | 2006 D.C. |

Actualidad

El primer fósil de dinosaurio se descubrió en 1824, ¡así que nunca George Washington murió en 1799, supo de la existencia de los dinosaurios!

El metro de Londres se inauguró en 1863, mientras la Guerra Civil aún se libraba en Estados Unidos.

Plutón fue descubierto en 1930, pero fue desclasificado como planeta en 2006, lo que significa que ni siquiera pudo completar una órbita (que lleva 248 años terrestres) entre su descubrimiento en 1930 y su degradación.

PLUTÓN

DENEGADO

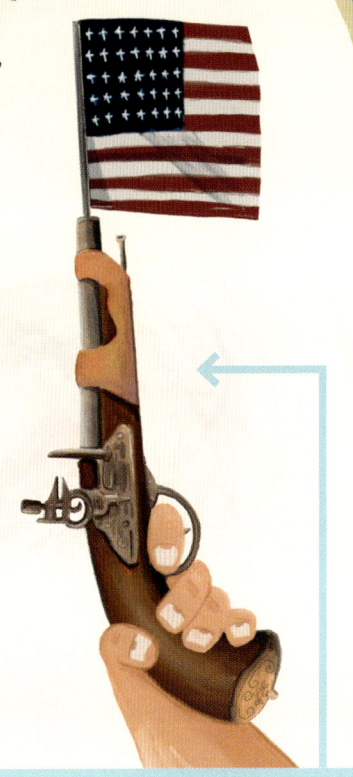

La Universidad de Oxford del Reino Unido se remonta al año 1096 d.C., lo que significa que ya existía cuando surgió el Imperio Azteca de México en el año 1325 d.C.

Algunas ballenas vivas hoy en día son más antiguas que Moby Dick, la famosa ballena de la novela de Herman Melville. Las ballenas de Groenlandia pueden vivir más de 200 años, y Moby Dick se publicó en 1851.

La tortuga Harriet, que murió en 2006 a la edad de 176 años, estaba viva cuando Charles Darwin visitó las Islas Galápagos en 1835.

EDADES ANIMALES

Algunos animales viven muy poco, mientras que otros pueden vivir tanto que nacieron cuando nuestros bisabuelos aún estaban vivos. ¡Incluso hay algunos que están muy cerca de vivir para siempre y se pueden considerar inmortales!

En general, los animales más grandes viven más que los más pequeños. Sus corazones laten más despacio y tienen un metabolismo más lento (la cantidad de energía que utiliza un animal).

Los científicos han encontrado genes especiales dentro de las células de las ballenas boreales de 18 metros de largo que las ayudan a reparar su cuerpo. ¡Esto podría explicar cómo pueden vivir más de 200 años!

Los elefantes son los animales terrestres más grandes y también los que más viven en la sabana: pueden llegar a los 70 años. Toda esa sabiduría se transmite de generación en generación dentro de la manada.

Las tortugas son famosas por su longevidad. El animal terrestre más viejo conocido es una tortuga gigante de Seychelles llamada Jonathan, que nació en 1832, ¡lo que significa que tiene más de 190 años! Las tortugas tienen un metabolismo lento y su corazón late la mitad de rápido que el de los humanos. Pueden dormir hasta 16 horas al día.

El animal con la vida más corta que se conoce es la efímera (parecida a una libélula), que solo vive 24 horas. ¡Es uno de los insectos voladores más antiguos del planeta!

Aunque los animales grandes viven más tiempo, hay algunos animales pequeños (como los murciélagos, topos y ciertas aves) que también viven bastante. Tienen adaptaciones especiales que les ayudan, como esconderse o cavar túneles para evitar a sus depredadores. Los animales más pequeños tienen un metabolismo más rápido y, por lo general, un ritmo cardíaco más elevado.

El colibrí garganta de rubí tiene una de las vidas más cortas de todas las aves. Solo vive entre 3 y 4 años y ¡su corazón puede latir 1200 veces por minuto!

La vida media humana es de unos 72 años.

Los animales que crecen rápido, como la musaraña pigmea, suelen vivir menos. Aunque solo viven alrededor de un año, pueden tener unas dos camadas de hasta seis crías en ese tiempo.

Las musarañas pigmeas miden unos 5 cm, ¡como un tornillo mediano!

Hay un animal que nunca envejece: la medusa inmortal. Vive en los océanos desde hace más de 600 millones de años, y puede incluso volver a su fase más joven y repetir su ciclo vital.

Los animales que viven en lugares fríos suelen vivir más tiempo, ya que su corazón late más despacio y su proceso de envejecimiento es más lento. El tiburón de Groenlandia puede vivir hasta 500 años en las frías aguas profundas, y la almeja quahog (uno de los seres más longevos del mar) se estima que puede vivir hasta 507 años.

¿CÓMO EXPERIMENTAN EL TIEMPO LOS ANIMALES?

¿Conoces la frase «el tiempo vuela»? ¡Pues para algunos animales, es literal!

La forma en que los animales perciben el tiempo depende de la velocidad con la que su sistema nervioso reacciona a los eventos a su alrededor. Tener visión rápida y buena vista les ayuda a detectar cambios rápidos para cazar presas o huir de depredadores.

Los animales pequeños que necesitan evitar ser cazados tienden a ver el mundo en cámara lenta, para poder reaccionar rápido y esconderse o huir.

Los animales que se mueven rápido perciben el tiempo más deprisa que los animales lentos, porque tienen mejores sentidos para captar lo que ocurre a su alrededor.

En general, los animales pequeños o que pueden volar perciben el tiempo más deprisa, y los animales voladores detectan los cambios de luz más rápidamente que los terrestres.

Las libélulas perciben los cambios en su entorno más rápido que ningún otro animal: ¡pueden detectar 300 destellos de luz por segundo! Las moscas detectan 250 destellos por segundo, lo que hace que su mundo vaya siete veces más lento que el nuestro... ¡por eso es tan difícil atraparlas!

Los pájaros pequeños como el papamoscas cerrojillo tienen una vista rapidísima. Su visión es tan rápida que los 100 metros de Usain Bolt les parecerían un paseo tranquilo.

Los perros procesan la información visual un 25 % más rápido que los humanos, lo que hace que el tiempo pase más lento para ellos. Un año perruno equivale a siete años humanos.

Los animales lentos o que viven en el fondo del mar perciben el tiempo más lentamente. Las cochinillas (como los bichos bola) solo ven cuatro destellos por segundo. La estrella de mar corona de espinas, que vive en el lecho marino, está entre los animales que perciben el tiempo más lentamente, con solo tres destellos cada cuatro segundos.

RÉCORDS HUMANOS

Los humanos somos naturalmente competitivos y siempre tratamos de batir récords. ¡Aquí tienes algunos de los más impresionantes!

- En octubre de 2023, el keniano Kelvin Kiptum corrió el maratón de Chicago (42,2 km) en 2 horas y 35 segundos, un récord mundial masculino.

- La etíope Tigst Assefa batió el récord femenino en Berlín con 2 horas, 11 minutos y 53 segundos.

- En 2009, Usain Bolt batió el récord de los 100 m lisos con 9,58 segundos.

- En 1988, Florence Griffith-Joyner estableció el récord femenino de los 100 m con 10,49 segundos.

- El campeón estadounidense de natación Michael Phelps nadó los 200 m libres en 1 minuto y 43 segundos (unos 7,5 km/h).

- En marzo de 2021, el croata Budimir Šobat batió el récord de aguantar la respiración bajo el agua: ¡24 minutos y 37 segundos!

- La persona más longeva registrada fue Jeanne Calment, que vivió 122 años y 164 días.

- En 2017, el eslovaco Pavol Durdik se puso 28 calcetines en un solo pie en 30 segundos.

- El estadounidense Joey Chestnut tiene varios récords de comida: 141 huevos duros en 8 minutos, 102 tamales en 12 minutos, 182 alitas en 30 minutos, 76 perritos calientes en 10 minutos... ¡y mucho más!

También hemos batido récords en exploración:

- En diciembre de 1911, el noruego Roald Amundsen fue el primer líder de una expedición en llegar al Polo Sur, adelantando al británico Robert F. Scott por cinco semanas.

- El 20 de julio de 1969, Neil Armstrong fue el primer humano en pisar la Luna: «Un pequeño paso para el hombre, un gran salto para la humanidad».

- El cosmonauta ruso Valeri Polyakov tiene el récord del viaje más largo en el espacio: pasó 427 días en la estación espacial Mir (enero de 1994-marzo de 1995).

¡FELIZ CUMPLEAÑOS!

EL FIN DEL TIEMPO

¿Alguna vez se detendrá el tiempo?
¿Cómo sería el final del tiempo?

Sabemos que el tiempo comenzó con
el Big Bang, pero algunos científicos
creen que el universo podría acabar
con el Gran Colapso (Big Crunch). En
este escenario, el universo dejaría de
expandirse y empezaría a contraerse.
Todo volvería a comprimirse en un
punto extremadamente denso, como el
reverso del Big Bang. Algunos científicos
creen que el universo funciona en
ciclos de Big Bangs, expandiéndose y
colapsando una y otra vez.

Otro meteorito podría chocar contra la Tierra y acabar con la vida, como ocurrió con los dinosaurios. ¿Qué pasaría entonces?

Si los humanos nos extinguimos, nuestras centrales eléctricas, alcantarillas y sistemas eléctricos se apagarían. Los edificios colapsarían y la naturaleza recuperaría las ciudades.

Así como nuestro planeta existió durante más de 4 000 millones de años sin vida, podría seguir existiendo otros 4 000 o 5 000 millones sin nosotros. Los científicos estiman que el Sol se hará más grande y brillante, calentando la Tierra. Dentro de unos 1 000 millones de años, nuestro planeta será demasiado caliente para albergar vida y se convertirá en un desierto inhóspito.

En unos 5 000 millones de años, el Sol se quedará sin hidrógeno. Sin nada más que fusionar en su núcleo, se expandirá y se convertirá en una gigante roja. Esta expansión engullirá la Tierra y pondrá fin al tiempo para nuestro planeta.

Pero esto todavía está muy, muy lejos, así que no hace falta perder el sueño por ello. Aún tenemos mucho que crecer y evolucionar antes de eso. ¿Qué crees tú que pasará en el futuro?

ÍNDICE ALFABÉTICO

A

Agujeros de gusano 37
Animales 13, 38–39
Árboles 17, 34, 38
Astronautas 7, 37
Australopitecos 20

B

Ballenas 39, 40
Big Bang 4–5, 46

C

Carbono-14 34
Cristal de cuarzo 31

D

Datación científica 4–35
Datación por uranio-
    torio-plomo 34
Dendrocronología 34
Días 8–9
Dinosaurios 18–19, 38–39

E

Edad Antigua 26–27
Edad de Piedra 22–23
Edad del Bronce 24
Edad del Cobre 24
Edad del Hierro 25
Edad Media 26
Edades de los Metales 24
Egipto, Antiguo 26–27,
    29, 38
Einstein, Albert 36–37
Era Cenozoica 15
Era Mesozoica 15, 18–19
Era Paleozoica 14, 16
Era Precámbrica 14
Escalas temporales
    geológicas 14–15

Esperanza de vida
    40–41
Estación Espacial
    Internacional 37
Estaciones del año
    10–11
Evolución 5, 20–21, 39
Evolución humana 5,
    20–21, 38
Extinción 17, 19, 46

F

Fósiles 14, 34

G

Gran Colapso (Big Crunch)
    46

H

Hemisferio Norte
    10–11
Hemisferio Sur 10–11
Homínidos 5, 20–22
Hora del Meridiano de
    Greenwich (GMT) 32
Husos horarios 8, 32–34

I

Imperio romano 26–27
Invierno 10

L

Líneas temporales
    38–39
Luna 7, 9, 12

M

Meridiano de Greenwich
    (Prime Meridian) 33
Monos 20

O

Observatorio Real de
    Londres 33
Otoño 11

P

Pangea 13, 16
Péndulos 30
Percepción del tiempo
    42–43
Período Cretácico 19,
    38
Período Jurásico 18–19
Período Mesolítico 23
Período Neolítico 23
Período Paleolítico 22
Período Pérmico
    16–17
Período Triásico 18
Planetas 5, 6, 8–9
Plantas 12, 17, 38
Prehistóricos 20–21,
    16–19
Primavera 11

R

Récords humanos
    44–45
Relojes 28–31
Relojes de agua 29
Relojes de arena 29
Relojes de bolsillo 31
Relojes de muelle 31
Relojes de pulsera 31
Relojes de sol 29
Relojes de sombra 29
Relojes de vela 28
Relojes despertadores
    29
Relojes mecánicos 30–31

S

Simios 20
Sistema Solar 5, 6–7
Sol 6–7, 12, 47
Solsticios 11
Sumerios 24, 27

T

Telescopio Espacial James
    Webb 37
Testigos de hielo 35
Tierra 10–13, 46–47
Tortugas 39, 40

U

Universo 4–5, 46

V

Venus 6, 8
Verano 10
Viajes en el tiempo 32,
    36–37
Viajes espaciales 37, 44
Volcanes 12–13